INHALTSVERZEICHNIS

Apfel-Milchreis

3	Äpfel	30 g	Zucker
10 g	Zitronensaft	1 Prise	Salz
1000 g	Milch	230 g	Milchreis

1 Äpfel schälen und die Kerngehäuser entfernen. Einen Apfel vierteln und im Mixtopf 15 Sekunden/Stufe 5 hacken. Die anderen Äpfel in Stücke schneiden, mit dem Zitronensaft mischen und zur Seite stellen.

2 Milch, Zucker und Salz und Milchreis zu dem gehackten Apfel geben und alles 40 Minuten/90° C/Stufe 1/Linkslauf ohne Messbecher garen. 5 Minuten vor Ende der Garzeit die restlichen Apfelwürfel zugeben.

Kirsch-Kaltschale mit Buttermilch

150 g	Rohrzucker
½	Vanilleschotemark
750 g	Kirschen
500 g	Buttermilch

1 Rohrzucker und Vanillemark in den Mixtopf geben und 5 Sekunden/Stufe 10 pulverisieren.

2 Kirschen waschen, entsteinen und zu dem Zucker geben. Obst 2 Minuten/Stufe 8 pürieren. Buttermilch zugeben und 30 Sekunden/Stufe 3 vermischen.

Kaiserschmarrn

70 g	Zucker	180 g	Mehl
1	Vanilleschotemark	70 g	Rosinon
6	Eier	40 g	gehackte Mandeln
350 g	Milch	20 g	Butter

1 Zucker in den Mixtopf geben 15 Sekunden/Stufe 10 zu Puderzucker zermahlen. Vanillemark, Eier, Milch und Mehl zugeben und 30 Sekunden/Stufe 4 mischen. Rosinen und gehackte Mandeln zugeben und 30 Sekunden/Stufe 2/Linkslauf untermischen.

2 Butter in einer Pfanne erhitzen und den Teig portionsweise ausbacken, nach dem Stocken in mundgerechte Stücke zerpflücken.

Bananen-Quark-Trifle

250 g	Double Chocolate Cookies	500 g	Quark (20% Fett)
3	Bananen	200 g	Mascarpone
5 g	Zitronensaft		
30 g	Zucker		

1 Cockies in den Mixtopf geben und 5 Sekunden/Stufe 3 hacken und umfüllen. Bananen schälen, in grobe Stücke brechen und zusammen mit Zitronensaft und Zucker 1 Minute/Stufe 4 pürieren.

2 Quark und Mascarpone zugeben und 1 Minute/Stufe 3 aufschlagen. Quark-Creme und gehackte Cookies abwechseln in Gläser einschichten und servieren.

Himbeer-Pudding

800 g	Vollmilch
100 g	Himbeersirup
70 g	Speisestärke
150 g	Himbeeren, TK

1 Milch, Sirup und Speisestärke in den Mixtopf geben und 20 Sekunden/Stufe 3 mischen. Danach alles 7 Minuten/100° C/Stufe 2 aufkochen.

2 Gefrorene Himbeeren zugeben und 2 Minuten/Stufe 2/Linkslauf untermischen.

Süsses Marzipanrisotto

200 g	Marzipanrohmasse	900 g	Milch
20 g	Mandelöl	30 g	Amaretto
250 g	Risotto-Reis		

1 Marzipanrohmasse in Stücke brechen und mit dem Mandelöl 30 Sekunden/Stufe 5 pürieren. Risotto-Reis zugeben und 2 Minuten/Varoma/Stufe 1 andünsten.

2 Milch zugeben und alles 40 Minuten/90° C/Stufe 1/Linkslauf garen. Amaretto dazugeben und 20 Sekunden/Stufe 2/Linkslauf untermischen.

Süsse Reis-Suppe

1000 g	Milch	20 g	Speisestärke
40 g	Agavendicksaft (alternativ 50 g Zucker)	100 g	Milchreis
½	Vanilleschotenmark	½ Dose	Birne

1 Milch, Agavendicksaft, Vanillemark, Speisestärke und Milchreis in den Mixtopf geben und 30 Minuten/90° C/Stufe 1/Linkslauf kochen.

2 Danach 10 Minuten/100° C/Stufe 1/Linkslauf aufkochen. Birnen abtropfen lassen, in Streifen schneiden und als Einlage in die Suppe geben.

Beerenlasagne

100 g	Rohrzucker	4	Eigelb
1 kg	Beerenobst	45 g	Speisestärke
2 TL	Vanillezucker	12	Lasagneblätter
1000 g	Milch	50 g	Semmelbrösel
1	Vanilleschote	25 g	Zucker
90 g	Zucker	10 g	Zimt

1 Rohrzucker und 400 g Beeren im Thermomix 30 Sekunden/ Stufe 7 pürieren. Die restlichen Beeren dazugeben und 20 Sekunden/ Stufe 1/Linkslauf untermischen. Beerenmischung umfüllen. Mixtopf grob reinigen. Milch, ausgekratztes Vanillemark, Vanilleschote, Zucker, Eigelb und Speisestärke im Mixtopf 7 Minuten/ 100° C/Stufe 3 aufkochen. Vanilleschote entfernen.

2 In eine Auflaufform Vanillepudding, Lasagneblätter und Beeren einschichten. Dabei mit einer Schicht Pudding beginnen und enden. Semmelbrösel, Zucker und Zimt mischen und über die Lasagne streuen. Die Lasagne im vorgeheizten Backofen bei 200 °C Umluft/40 Minuten backen.

BIRNEN-ZIMT-SCHLUPFER

5	Rosinenbrötchen	50 g	Rohrzucker
600 g	Birnen	30 g	Speisestärke
20 g	Zitronensaft	½ TL	Zimt
3	Eier	150 g	Magerquark (20% Fett)
400 g	Sahne	50 g	Schmand
300 g	Milch		

1 Die Rosinenbrötchen in 1 cm breite Scheiben schneiden und über Nacht trocknen lassen. Die Birnen schälen, Kerngehäuse entfernen, in Spalten schneiden und mit dem Zitronensaft mischen. Rosinenbrötchen und Birnen abwechseln wie Dachziegel in einer Auflaufform schichten. Eier trennen. Schmetterling einsetzen und die Eiweiß 2 Minuten/Stufe 4 aufschlagen. Eiweiß umfüllen.

2 Das Eigelb mit den übrigen Zutaten 40 Sekunden/Stufe 3 mischen. Den Eischnee dazu geben und 30 Sekunden/Stufe 3 mit Hilfe des Spatels unterziehen und die Masse über die Brötchen und Birnen gießen und alles im Vorgeheizten Backofen bei 180 °C/30 Minuten backen. Bei Bedarf in den letzten 10 Minuten mit Alufolie abdecken, damit der Auflauf nicht zu dunkel wird.

Dampfnudeln mit Heidelbeeren-Füllung

200 g	Milch
1 Würfel	Hefe
30 g	Zucker
500 g	Mehl
100 g	Butter
1	Ei
1 Prise	Salz
50 g	Heidelbeermarmelade
100 g	Heidelbeeren
etwas	Sonnenblumenöl
4 EL	Kondensmilch
1000 g	Wasser

1 Milch, Hefe und Zucker im Mixtopf 1 Minute/37° C/Stufe 1 anwärmen. Mehl, weiche Butter, Ei und die Prise Salz zugeben und 3 Minuten/Teigstufe kneten. Den Teig umfüllen und 40 Minuten gehen lassen. Heidelbeermarmelade in den Mixtopf geben und 1 Minute/37° C/Stufe 1 erwärmen. Die Heidelbeeren dazugeben und 30 Sekunden/Stufe 1/ Linkslauf untermischen.

2 Den Teig in 4 Portionen teilen und jede Portion mit einem Teil der Heidelbeermischung füllen und gut verschließen. Den Varoma mit etwas Öl auspinseln. Die Dampfnudeln mit der Kondensmilch einpinseln und in den Varoma legen. Wasser in den Mixtopf geben. Varoma aufsetzen und alles 35 Minuten/Varoma/Stufe 1 garen. Dazu passt eine Vanillesauce.

Milchreis-Pfannkuchen mit Kompott

400 g	Zwetschgen	1 Prise	Salz
100 g	Rohrzucker	175 g	Milchreis
50 g	Rotwein	4	Eier
½ TL	Zimt	70 g	Reismehl
750 g	Milch	etwas	Butter
70 g	Zucker		

1 Zwetschgen waschen, entsteinen und vierteln. Zwetschgen zusammen mit Rohzucker, Rotwein und Zimt in den Mixtopf geben und 6 ½ Minuten/100° C/Linkslauf/Stufe 1 kochen. Kompott umfüllen und Mixtopf reinigen. Milch, 30 g Zucker, Salz und Milchreis in den Mixtopf geben und 36 Minuten/90° C/Stufe 1 /Linkslauf aufkochen. Milchreis umfüllen und abkühlen lassen.

2 Wenn der Milchreis kalt ist die Eier, den restlichen Zucker und das Reismehl 30 Sekunden/Stufe 4 vermischen. Den Milchreis dazugeben und 3 Minuten/Stufe 3/Linkslauf vermischen. Den Teig portionsweise in Butter ausbacken und die Pfannkuchen zusammen mit dem Kompott servieren.

Polentaschnitten mit Pfirsich-Mandel Topping

900 g	Wasser
1 Prise	Salz
50 g	Rohrzucker
225 g	Polenta
6	Weinbergpfirsiche
120 g	Mandelblättchen
½ TL	Zimt
30 g	Zucker
50 g	Butter

1 Wasser, Salz und Rohrzucker in den Mixtopf geben und 12 Minuten/100° C/Stufe 1 aufkochen. Danach den Mixtopf auf Stufe 1 stellen und durch die Deckelöffnung die Polenta einrieseln lassen. Die Polenta in eine Auflaufform umfüllen und 20 Minuten ausquellen lassen. Pfirsiche waschen, halbieren, den Stein entfernen und die Pfirsiche in Spalten schneiden.

2 Mandelblättchen mit Zimt und Zucker mischen. Die Polenta nach dem Ausquellen mit den Pfirsichspalten belegen. Mandel-Zimt-Zucker-Mischung über die Pfirsiche streuen und die Butter in Flöckchen darauf verteilen. Die Polenta im vorgeheizten Ofen bei 200 °C/20 Minuten backen.

Topfenknödel mit Kirschkompott

650 g	Magerquark	500 g	Wasser
140 g	Polenta	1 Glas	Kirschen
50 g	gemahlenen Mandeln	35 g	Speisestärke
2	Eier	20 g	Rohrzucker
1	Zitrone (Abrieb davon)	1 TL	Zimt

1 Magerquark, Polenta, gemahlenes Mandeln, Eier und Zitronenschale im Mixtopf 1 Minute/Stufe 4 mischen. Die Masse 15 Minuten im Mixtopf quellen lassen. Aus der Quarkmasse Kugeln formen und in den Varoma setzen. Wasser in den Mixtopf geben und die Knödel 30 Minuten/Varoma/Stufe 1 garen.

2 Mixtopf leeren. Kirschen abgießen und dabei den Saft auffangen. Saft, Speisestärke, Zucker und Zimt in den Mixtopf geben, 30 Sekunde/Stufe 4 mischen. Danach die Kirschen zugeben. Varoma wieder aufsetzen und alles 10 Minuten/Varoma/Stufe 1/Linkslauf kochen.

Apfel-Kirsch-Crumble

3	Äpfel	50 g	Rohrzucker
500 g	Kirschen	120 g	Vollkornmehl
15 g	Zucker	50 g	Butter
1	Vanilleschotenmark	nach Bedarf	einige Kugeln Vanilleeis
40 g	Walnüsse		

1 Äpfel schälen, entkernen und vierteln. Kirschen waschen und entsteinen. Obst im Mixtopf 4 Sekunden/Stufe 4 hacken. Zucker und Vanillemark zugeben und 3 Sekunden/Stufe 4/Linkslauf untermischen. Obstmischung in eine Auflaufform geben. Walnüsse im Mixtopf 3 Sekunden/Stufe 4 hacken.

2 Rohrzucker, Mehl und Butter zugeben und 20 Sekunden/Stufe 5 zu einem krümeligen Teig verarbeiten. Den Teig über die Obstmasse streuen. Die Crumble im vorgeheizten Ofen bei 180 °C/15 Minuten backen. Die Crumble mit Vanilleeis anrichten.

Krokant-Auflauf mit Himbeeren und Mango

4	Eier
100 g	Zartbitterschokolade
80 g	Krokant
1 Prise	Salz
10 g	Vanillezucker
80 g	Zucker
200 g	Mango
300 g	Himbeeren

1 Eier trennen. Schmetterling in den Mixtopf einsetzen und Eiweiß 2 Minuten/Stufe 4 steif schlagen. Eischnee umfüllen und Mixtopf säubern. Schokolade in Stücke brechen, 3 Sekunden/Stufe 5 hacken und umfüllen. Die Hälfte des Krokants in den Topf geben und 30 Sekunden/Stufe 10 pulverisieren. Salz, Vanillezucker, Zucker und Eigelb, den restlichen Krokant zu dem gemahlenen Krokant geben und 1 Minute/Stufe 3 aufschlagen.

2 Den Eischnee und die Schokoladenstücke mit Hilfe des Spatels unterheben. Mango schälen, vom Kern lösen und würfeln. Himbeeren und Mangowürfel in eine Auflaufform geben. Die Krokant-Ei-Masse über das Obst geben und alles im vorgeheizten Backofen bei 180 °C/35 Minuten backen.

Milchreis "Helene"

100 g	Zartbitterschokolade
1000 g	Milch
80 g	Zucker
250 g	Milchreis
200 g	Birnenwürfel (ideal frisch, sonst aus der Dose)

1 Schokolade in den Mixtopf geben und 3 Sekunden/Stufe 5 hacken. Milch, Zucker und Milchreis zugeben und alles 40 Minuten/90° C/Stufe 1/Linkslauf garen.

2 Die Birnenwürfel 30 Sekunden/Stufe 3/Linkslauf unter den Schokoladenmilchreis ziehen und servieren.

Österreichische Türkentommerl

500 g	Äpfel	150 g	Maisgrieß/Polenta
250 g	Rhabarber	370 g	Milch
30 g	Butter	2	Eier
4 EL	Rohrzucker	1 EL	Vanillezucker

1 Äpfel und Rhabarber schälen. Äpfel würfeln und Rhabarber in 1 cm lange Stücke schneiden. Butter in den Mixtopf geben und 2 Minuten/Varoma/Stufe 1 schmelzen. Obst und 1 EL Rohrzucker zufügen und 3 Minuten/Varoma/Stufe 1 anbraten. Obst umfüllen und zur Seite stellen. Mixtopf kurz kalt ausspülen.

2 Polenta, Milch, Eier und Vanillezucker in den Mixtopf geben und 1 Minute/Stufe 3 aufschlagen. Die Hälfte der Masse in eine Auflaufform geben. Obst darauf verteilen und mit der restlichen Masse abdecken. Den Tommerl im vorgeheizten Backofen bei 180 °C ungefähr 25 Minuten backen bis er goldbraun ist.

Karamellpudding

500 g	Milch
100 g	Karamellsirup (z.B. von Grafschafter)
1	Ei
20 g	Speisestärke

1 Alle Zutaten in den Mixtopf geben, 10 Sekunden/Stufe 5 verquirlen.

2 Danach 8 Minuten/100° C/ Stufe 2 aufkochen.

ORIENTALISCHER PUDDING

80 g	Mandeln	1	Zimtstange
500 g	Milch	30 g	Zucker
40 g	Reismehl	30 g	gehackte Pistazien
2	Kardamomkapseln	15 g	Rosenwasser

1 Mandeln mit kochendem Wasser übergießen und von der Haut befreien. Mandeln gut trocknen lassen und danach im Mixtopf 5 Sekunden/Stufe 7 reiben. Milch und Reismehl zugeben und 10 Sekunden/Stufe 4 verquirlen. Danach Kardamom, Zimt und Zucker zugeben und 7 Minuten/90° C/Stufe 2/Linkslauf aufkochen.

2 Zimt und Kardamom entfernen. Gehackte Pistazien und Rosenwasser zugeben und den Pudding 10 Minuten/Stufe 1/Linkslauf langsam abkühlen lassen. Danach in Gläser füllen und warm servieren oder den Pudding auf Stufe 1/Linkslauf weiter herunter kühlen (damit keine Haut entsteht).

Milchreis-Heidelbeer-Auflauf

1	Vanilleschote
1 Liter	Milch
100 g	Zucker
250 g	Milchreis
3	Eier
500 g	Heidelbeeren

1 Vanilleschote aufschneiden und das Mark herauskratzen. Milch, Zucker, Vanillemark und Milchreis im Mixtopf 30 Minuten/90° C/Stufe 1/ Linkslauf kochen. Danach den Milchreis auf Stufe 1/Linkslauf auf ca. 50° C abkühlen lassen.

2 Eier und gewaschene Heidelbeeren zu dem Reis geben und 40 Sekunden/Stufe 3/Linkslauf mit Hilfe des Spatels untermischen. Mischung in eine Auflaufform füllen und bei 180 °C im vorgeheizten Backofen 30 Minuten backen.

Griesspfannkuchen mit Kirschen

5	Eier
600 g	Milch
30 g	Zucker
150 g	Hartweizengrieß
500 g	Kirschen
etwas	Butterschmalz

1 Eier trennen. Die Eigelbmasse zur Seite stellen. Schmetterling in den Mixtopf einsetzen und die Eiweißmasse 2 Minuten/Stufe 4 zu Schnee aufschlagen. Eischnee ebenfalls zur Seite stellen. Milch, Zucker und Grieß 6 Minuten/90° C/Stufe 1 erwärmen, anschließend 5 Minuten/Stufe 3 ohne Temperatur weiterrühren.

2 Danach Eigelb da: 30 Sekunden/Stufe schen. Kirschen waschen und entsteinen. Kirschen und Eischnee mit Hilfe des Spatels unterheben und den Teig portionsweise in Butterschmalz ausbacken.

Multivitaminsuppe mit Nuss-Crêpes

50 g	Walnüsse	3 TL	Vanillezucker
35 g	Mehl	15 g	Speisestärke
160 g	Milch		Öl zum Ausbacken
20 g	Rohrzucker		
1	Ei		
800 g	Multivitaminsaft		

1 Die Walnüsse im Thermomix 10 Sekunden/Stufe 7 fein mahlen. Mehl, Milch, Rohrzucker und Ei zugeben und 30 Sekunden/Stufe 4 zu einem glatten Teig verquirlen. Den Teig umfüllen. Mixtopf kurz ausspülen.

2 Multivitaminsaft, Vanillezucker und Speisestärke in den Topf geben und 20 Sekunden/Stufe 4 mischen. Die Suppe 9 Minuten/100° C/Stufe 2 aufkochen. Während die Suppe koche den Teig portionsweise zu dünnen Crêpes ausbacken. Die Crêpes in Streifen schneiden und in die Suppe geben.

Mohn-Pudding

500 g	Milch	1	Vanillescl
100 g	Sahne	30 g	Mohn
80 g	Zucker		
15 g	Speisestärke		
1	Eigelb		

1 Alle Zutaten außer Mohn in den Thermomix geben und 7 Minuten/100° C/Stufe 1 zu einem Pudding

2 Mohn zugebe Stufe 2 unter

Mandarinen-Griess-Pudding

1 Dose	kleine Mandarinen
200 g	Sahne
200 g	Milch
60 g	Grieß
10 g	Speisestärke

1 Mandarinen abtropfen lassen und dabei 100 g Saft auffangen - bei Bedarf mit Wasser oder Milch auf 100 g auffüllen. Sahne, Milch und Saft in den Mixtopf geben und 3 Minuten/100° C/Stufe 2 aufkochen.

2 Grieß zugeben und 3 Minuten/80° C/Stufe 3 quellen lassen. Die abgetropften Mandarinen zugeben und 1 Minute/Stufe 1/Linkslauf untermischen.

Toskanischer Pudding

40 g	Zucker	3	Eigelb
40 g	getrocknete Aprikosen	10 g	abgeriebene Orangenschale
25 g	getrocknete Pflaumen	5 g	abgeriebenen Zitronenschale
25 g	Rosinen	etwas	Butter
10 g	Rum		
250 g	Ricotta		

1 Zucker in den Mixtopf geben und 10 Sekunden/Stufe 9 pulverisieren damit er sich besser löst. Aprikosen und Pflaumen würfeln. Aprikosen, Pflaumen, Rosinen und Rum mit in den Mixtopf geben und 40 Sekunden/50° C/erwärmen.

2 Ricotta, Eigelb, Orangen- und Zitronenschale in den Mixtopf geben und 1 Minute/Stufe 4 vermischen. Die Mischung in vier gebutterte Auflaufförmchen geben und im vorgeheizten Backofen bei 180 °C/ 20 Minuten backen.

Cappuccino-Griesspudding

1000 g	Milch
60 g	Zucker
15 g	Vanillezucker
25 g	Cappuccinopulver
1	Ei
65 g	Grieß

1 Schmetterling in den Thermomix einsetzen. Milch, Zucker, Vanillezucker und Cappuccinopulver in den Mixtopf geben und 10 Sekunden/Stufe 2 mischen.

2 Die Milch-Mischung 4 Minuten/100° C/Stufe 1 erwärmen. Grieß und Ei zugeben und 10 Minuten/90° C/Stufe 3 kochen.

Apfel-Eierkuchen

4	Eier
30 g	Zucker
250 g	Mehl
15 g	Backpulver
3	Äpfel
700 g	Wasser
etwas	Zimt

1 Eier und Zucker im Thermomix 1 Minute/Stufe 3 cremig schlagen. Mehl und Backpulver zufügen und 30 Sekunden/Stufe 4 unterheben. Äpfel schälen, Kerngehäuse entfernen, in mundgerechte Stücke schneiden und 30 Sekunden/Stufe 3/ Linkslauf unter den Teig mischen.

2 Den Einlegeboden des Varoma mit einem feuchten Stück Backpapier auslegen und den Teig darauf geben. Wasser in den Mixtopf geben. Varoma mit Einlegeboden aufsetzen und alles 20 Minuten/Varoma/ Stufe 1 garen. Mit Zimt bestreut servieren.

Indischer Milchreis

3 Beutel	Yogi-Tee
1000 g	Milch
70 g	Zucker
230 g	Milchreis
20 g	Kokosflocken

1 Von den Teebeuteln den Zettel abschneiden. Teebeutel und Milch in den Mixtopf geben und 10 Minuten/90° C/Stufe 1/Linkslauf aufkochen. Teebeutel entfernen.

2 Zucker und Milchreis zugeben und 35 Minuten/90° C/Stufe 1/Linkslauf ohne Messbecher kochen. Die Kokosflocken in einer Pfanne ohne Fett anrösten und den Milchreis damit bestreuen.

Finnische Erdbeerpfannkuchen

2	Eier
15 g	Zucker
500 g	Milch
100 g	Sahne
250 g	Mehl
200 g	Erdbeermarmelade

1 Eier und Zucker in den Mixtopf geben und 30 Sekunde/Stufe 4 aufschlagen. Milch, Sahne und Mehl zugeben und 1 Minute/Stufe 3 zu einem glatten Teig verrühren. Den Teig auf eine mit Backpapier ausgelegte Fettpfanne geben und im vorgeheizten Backofen bei 200 °C Umluft/25 Minuten backen.

2 Mixtopf ausspülen und Erdbeermarmelade darin 3 Minuten/37° C/Stufe 1 verflüssigen. Den warmen Pfannkuchen mit der Marmelade bestreichen, aufrollen, in Scheiben schneiden und servieren.

Buttermilch-Apfel-Schmarrn

40 g	Zucker	2	Äpfel
3	Eier	30 g	Rosinen
250 g	Buttermilch		Sonnenblumenöl
15 g	Vanillezucker		zum Braten
150 g	Mehl		
2-3	Tropfen Rum-Aroma		

1 Zucker im Mixtopf 10 Sekunden/Stufe 10 pulverisieren. Eier zugeben und 30 Sekunden/Stufe 4 mit dem Zucker mischen. Buttermilch, Vanillezucker, Mehl und Rum-Aroma dazugeben und 40 Sekunden/Stufe 3 mischen.

2 Die Äpfel schälen, Kerngehäuse entfernen und würfeln. Rosinen und Apfelstücke in den Mixtopf geben und 30 Sekunden/Stufe 2/Linkslauf untermischen. Etwas Öl in einer Pfanne erhitzen und den Teig hineingeben. Wenn er fast fest ist den Teig mit Hilfe von zwei Bratenwendern in Stücke pflücken.

Brombeer-Auflauf

650 g	Milch	100 g	Zucker
40 g	Butter	75 g	Grieß
200 g	Toastbrot	600 g	Brombeeren
3	Eier		

1 Milch und Butter in den Mixtopf geben und 5 Minuten/70° C/Stufe 3 erwärmen. Die Rinde vom Toastbrot abschneiden und das Toastbrot würfeln. Toastbrot zur Milch geben und 2 Minuten/70° C/Stufe 1 mischen. Eier, Zucker und Grieß zugeben und 1 Minute/Stufe 4 untermischen.

2 Die Brombeeren waschen und abtropfen lassen. Die Hälfte der Masse in eine Auflaufform geben. Brombeeren darauf verteilen und mit der restlichen Masse bedecken. Den Auflauf im vorgeheizten Backofen bei 180 °C/20 Minuten backen. Wenn der Auflauf goldbraun wird ggf. mit Alufolie abdecken.

Schokoladen-Kirschlasagne

100 g	Zartbitterschokolade	2 Gläser	Kirschen
1000 g	Milch	18	Lasagneplatten
30 g	Speisestärke		
90 g	Zucker		

1 Schokolade in Stücke brechen und 10 Sekunden/Stufe 8 hacken. Milch, Speisestärke, und Zucker zugeben und 7 Minuten/100° C/ Stufe 2 zu einem Pudding kochen. Die Kirschen abgießen und gut abtropfen lassen.

2 Pudding, Lasagneplatten und Kirschen in eine Auflaufform schichten. Dabei mit eine Schicht Pudding abschließen. Die Lasagne im vorgeheizten Backofen bei 180 °C/ 25 Minuten backen.

Aprikosen-Clafoutis

80 g	Zucker	500 g	Milch
40 g	Mandeln	20 g	Amaretto
3	Eier	700 g	Aprikosen
50 g	Butter	30 g	Mandelblätter
80 g	Mehl		

1 Zucker und Mandeln im Mixtopf 10 Sekunden/Stufe 9 mahlen. Eier und Butter zugeben und 30 Sekunden/Stufe 4 schaumig aufschlagen. Mehl, Milch und Amaretto zufügen und 1 Minute/Stufe 3 mischen.

2 Die Aprikosen waschen, halbieren, entsteinen und mit der Schnittfläche nach unten in eine gefettete Auflaufform legen. Den Teig über die Aprikosen gießen, mit den Mandelblättchen bestreuen und im vorgeheizten Backofen bei 180 °C/ 35 Minuten backen.

Schokoladenomelette mit Heidelbeer-Vanille-Kompott

25 g	Zartbitterschokolade
3	Eier
120 g	Milch
30 g	Mehl
100 g	Zucker
1 Glas	Heidelbeeren
1 Pck.	Vanillepuddingpulver

1 Zartbitterschokolade in Stücke brechen, im Thermomix 10 Sekunden/Stufe 10 pulverisieren und umfüllen. Eier trennen. Schmetterling in den Mixtopf einsetzen und Eiweiß 2 Minuten/Stufe 4 steif schlagen. Eischnee ebenfalls umfüllen und zur Seite stellen. Gemahlene Schokolade, Eigelb, Milch, Mehl und 20 g Zucker im Mixtopf 30 Sekunden/Stufe 4 mischen. Eischnee dazu geben und Stufe 1 mit Hilfe des Spatels unterheben.

2 Den Varoma Einlegeboden mit einem nassen Backpapier auslegen und den Schokoladenteig darauf verteilen. Die Heidelbeeren abgießen und den Saft dabei auffangen. Heidelbeersaft, Zucker und Vanillepuddingpulver im Mixtopf 10 Sekunden/Stufe 4 mischen. Heidelbeeren dazu geben, Varoma aufsetzen und 20 Minuten/Varoma/Stufe 1/Linkslauf garen.

Quark-Mango-Reis

200 g	Risottoreis	1	Vanilleschote
800 g	Milch	250 g	Quark
200 g	Sahne	2	Mangos
1 Stück	Zimt (2cm)		
1	Prise Salz		
80 g	Zucker		

1 Reis waschen und zusammen mit Milch, Sahne, Zimt, Salz und Zucker in den Mixtopf geben. Vanilleschote aufschneiden, auskratzen und Markt samt Schote ebenfalls in den Mixtopf geben. Alles 35 Minuten/90° C/Stufe 1/Linkslauf kochen.

2 Vanilleschote und Zimt aus dem Reis entfernen. Quark zugeben und 5 Minuten/90° C/Stufe 2/Linkslauf erwärmen. Mango schälen, Fleisch vom Kern lösen, würfeln und 2 Minuten/Stufe 2/Linkslauf unter den Quark-Reis mischen.

Orangen-Soufflé

1	Orange mit unbehandelter Schale
80 g	Zucker
4	Eier
250 g	Magerquark
20 g	Speisestärke
700 g	heißes Wasser

1 Die Orange waschen und mit einem Sparschäler dünn abschälen. Orange auspressen und Saft separat auffangen. Zucker und Orangenschale in den Mixtopf geben und 30 Sekunden/Stufe 10 pulverisieren. Orangenzucker umfüllen. Eier trennen. Schmetterling in den Mixtopf einsetzen und Eiweiß 2 Minuten/Stufe 4 zu Eischnee aufschlagen. Eischnee umfüllen.

2 Quark, Eigelb, Speisestärke, Orangenzucker und 20 g Orangensaft in den Mixtopf geben und 30 Sekunden/Stufe 4 mischen. Den Eischnee zugeben und 2 Minuten/Stufe 1 mit Hilfe des Spatels unterheben. Die Eimasse in gefettete Soufflé-Förmchen füllen, mit Alufolie abdecken und im Varoma verteilen. Heißes Wasser in den Mixtopf geben, Varoma aufsetzen und die Soufflés 25 Minuten/Varoma/Stufe 1 garen.

Bananen-Pancakes mit Ahornsirup

3	Bananen	300 g	Mehl
40 g	Zucker	10 g	Backpulver
1 TL	Zitronensaft		Butterschmalz
60 g	weiche Butter		Ahornsirup
2	Eier		
300 g	Vanillejoghurt		

1 Bananen schälen, in Stücke brechen und zusammen mit dem Zucker und dem Zitronensaft 10 Sekunden/Stufe 5 pürieren. Weiche Butter, Eier und Joghurt zugeben und 30 Sekunden/Stufe 4 untermischen.

2 Mehl und Backpulver in den Mixtopf geben und 30 Sekunden/Stufe 4 untermischen. Das Butterschmalz in der Pfanne zerlassen und die Pfannekuchen darin portionsweise ausbacken. Die fertigen Pancakes mit Ahornsirup überziehen und servieren.

Schokoladen-Griess-Schnitten mit Punchkirschen

200 g	Schokolade	30 g	Stärke
1000 g	Milch	1 Beutel	Glühweingewürz
30 g	Butter	20 g	Rum oder
250 g	Hartweizengrieß		2 Tropfen Rum-Aroma
2	Eier	etwas	Butterschmalz
1 Glas	Schattenmorellen		

1 Schokolade in Stücke brechen und im Mixtopf 10 Sekunden/Stufe 10 pulverisieren. Milch und Butter zugeben und beides 6 Minuten/90° C/Stufe 2 erwärmen. Grieß zufügen und 1 Minute/90° C/Stufe 1 weiter rühren. Anschließend mit den Eiern 30 Sekunden/90° C/Stufe 3 binden. Die Masse in eine Auflaufform geben und im Kühlschrank abkühlen lassen. Mixtopf säubern. Kirschen abgießen und dabei den Saft auffangen.

2 Kirschsaft und Stärke im Mixtopf 10 Sekunden/Stufe 3 mischen. Kirschen, Glühweingewürzbeutel (ohne Zettel) und Rum (oder Aroma) zugeben und 6 Minuten/100° C/Stufe 2/Linkslauf eindicken. Die Grießmasse in Scheiben schneiden und in heißem Butterschmalz braten. Den Gewürzbeutel aus den Punschkirschen entfernen und die heißen Kirschen zu den Grießschnitten servieren.

Süsser Couscous

30 g	Rohzucker	20 g	Butter
½	Orange (Schale davon)	600 g	Milch
50 g	Mandeln	1 Stange	Zimt
50 g	Datteln	200 g	Couscous
50 g	Rosinen		

1 Rohrzucker und Orangenschale 10 Sekunden/Stufe 8 mahlen. Mandeln zugeben und 5 Sekunden/Stufe 5 hacken. Datteln zugeben und 5 Sekunden/Stufe 4 hacken.

2 Rosinen, Butter, Milch und Zimt zu dem gehackten Obst geben und 6 Minuten/100° C/Stufe 1/Linkslauf erhitzen. Couscous zugeben und 5 Minuten/Stufe 2/Linkslauf quellen lassen.

Apfel-Rhabarbersuppe

400 g	Rhabarber
400 g	Äpfel
1	Vanilleschote
30 g	Speisestärke
600 g	Wasser

1 Rhabarber und Äpfel schälen. Die Hälfte des Obstes in grobe Stücke teilen und im Mixtopf 10 Sekunden/Stufe 4 fein hacken. Den Rest in Stücke schneiden. Vanilleschote aufschneiden und Mark herauskratzen.

2 Zusammen mit den Obstwürfeln in den Mixtopf geben. Wasser und Speisestärke zugeben und 20 Sekunden/ Stufe 3/Linkslauf mischen. Danach die Suppe 7 Minuten/100° C/ Stufe 1/Linkslauf aufkochen.

Schokoladen-Nuss-Buchteln

100 g	Schokolade	150 g	Butter
150 g	Haselnüsse	400 g	Mehl
350 g	Milch	80 g	Zucker
1 Würfel	Hefe	1 TL	Vanillezucker

1 Schokolade in Stücke brechen und im Mixtopf 3 Sekunden/ Stufe 5 grob hacken und umfüllen. Haselnüsse in den Mixtopf geben und 10 Sekunden/Stufe 7 mahlen und zu den Schokoladenstücken geben. 250 g Milch und 100 g Butter zusammen mit der Hefe in den Mixtopf geben und 3 Minuten/37° C/Stufe 1 erwärmen. Mehl, Zucker, Vanillezucker, Haselnüsse und gehackte Schokolade zugeben und alles 3 Minuten/Teigstufe zu einem glatten Teig verkneten.

2 Den Teig 40 Minuten gehen lassen. Eine Auflaufform mit etwas von der übrigen Butter fetten. Aus dem Teig 10 Kugeln formen und diese in die Auflaufform setzen. Die restliche Milch zusammen mit der restlichen Butter im Mixtopf 3 Minuten/50° C/ Stufe 1 erwärmen und über den Teig gießen. Die Buchteln im vorgeheizten Backofen bei 180 °C/40 Minuten backen. Wenn sie goldbraun sind ggf. mit Alufolie abdecken damit sie nicht verbrennen.

Haferflocken-Quark-Bällchen

100 g	Walnüsse	90 g	Zucker
150 g	Haferflocken	50 g	getrocknete Cranberries
350 g	Quark	2 TL	Vanillezucker
3	Eier	etwas	Sonnenblumenöl

1 Walnüsse im Mixtopf 7 Sekunden/Stufe 7 mahlen. Haferflocken, Quark, Eier Zucker, Cranberries und Vanillezucker zugeben und 40 Sekunden/Stufe 3/Linkslauf mischen.

2 Den Teig 15 Minuten quellen lassen. Danach Bällchen daraus formen und diese in heißem Öl braten oder frittieren.

Quark-Himbeer-Küchlein mit Schokoladensauce

120 g	Zucker	1 TL	Backpulver
100 g	Butter	150 g	Himbeeren
2	Eier	100 g	Zartbitterschokolade
150 g	Magerquark	150 g	Wasser
150 g	Milch	30 g	Kakao
300 g	Mehl	2 Tropfen	Vanille-Aroma

1 Zucker, Butter, Eier, Quark und Milch in den Mixtopf geben und 40 Sekunden/Stufe 5 verrühren. Mehl und Backpulver zugeben und 20 Sekunden/Stufe 5 untermischen. Ein Muffinblech fetten und jeweils einen Esslöffel Quarkmasse hineingeben. Die Himbeeren waschen, auf der Quarkmasse verteilen und mit der restlichen Masse abdecken.

2 Im vorgeheizten Backofen bei 180 °C/20 Minuten backen. Den Mixtopf reinigen und trocknen. Schokolade in Stücke brechen und 10 Sekunden/Stufe 8 fein hacken. Wasser, Kakao und Vanillearoma zugeben und ohne Decke 12 Minuten/100° C/Stufe 2 aufkochen. Sauce zu den Warmen Quark-Küchlein servieren.

Weintrauben-Kaltschale

½ Bund	Zitronenmelisse
300 g	Wasser
100 g	weißer Traubensaft
20 g	Speisestärke
250 g	helle, kernlose Weintrauben

1 Die Zitronenmelisse im Mixtopf geben, 20 Sekunden/Stufe 5 hacken und umfüllen. Wasser, Traubensaft und Stärke in den Mixtopf geben und 5 Minuten/100° C/Stufe 3 aufkochen.

2 Die Trauben waschen und halbieren. Traubenhälften und Melisse 20 Sekunden/Stufe 2/Linkslauf untermischen und die Suppe bis zum Verzehr kaltstellen.

Dinkel-Dampfklösschen mit Aprikosenkompott

120 g	Milch	600 g	Aprikosen
½ Würfel	Hefe	200 g	Apfelsaft
30 g	Butter	10 g	Zitronensaft
20 g	Rohrzucker	80 g	Zucker
250 g	Dinkelmehl	800 g	Wasser
etwas	Sonnenblumenöl		

1 Milch, Hefe und Butter in den Mixtopf geben und 2 Minuten/37° C/Stufe 1 erwärmen. Rohrzucker und Dinkelmehl zugeben und 3 Minuten/Teigstufe kneten. Den Teig umfüllen und 30 Minuten an einem warmen Ort gehen lassen. Aprikosen waschen, entsteinen und vierteln. Aprikosenviertel, Apfelsaft, Zitronensaft und Zucker in den gesäuberten Mixtopf geben und 10 Minuten/100° C/Linkslauf/Stufe 2 einkochen.

2 Aprikosenkompott umfüllen. Den Varoma und den Einlegeboden leicht einölen. Aus dem Teig kleine Kugeln formen und im Varoma und auf dem Einlegeboden verteilen. Wasser in den Mixtopf geben. Varoma aufsetzen und die Bällchen 20 Minuten/Varoma/Stufe 1 garen. Zusammen mit dem Kompott servieren.

Hirse-Brei mit Birnen

35 g	Hirse
250 g	Milch
1	Vanilleschotenmark
3	Birnen

1 Hirse und fließendem Wasser gründlich Waschen. Milch, Vanillemark in den Mixtopf geben und 5 Minuten/100° C/Stufe 1 aufkochen. Hirse in die heiße Milch geben und 12 Minuten/90° C/Stufe 1/Linkslauf köcheln lassen.

2 Birnen schälen, entkernen und würfeln. Birnenwürfel in den Brei geben und 3 Minuten/Stufe 2/ Linkslauf ohne Wärme unterheben.

Kokospudding mit Mango-Sauce

400 g	Kokosmilch	1	Mango
200 g	Sahne	15 g	Honig
20 g	Zucker	15 g	Kokosraspeln
50 g	Speisestärke		
5 g	frischer Ingwer		

1 Kokosmilch, Sahne, Zucker und Speisestärke in den Mixtopf geben und 7 Minuten/100° C/Stufe 3 aufkochen. Pudding in Schälchen oder Sturzförmchen füllen und abkühlen lassen. Mixtopf reinigen. Ingwer schälen und im Mixtopf 10 Sekunden/Stufe 8 fein hacken. Mit dem Spatel nach unten schieben.

2 Mango schälen, das Fleisch vom Kern lösen und grob zerkleinert zum Ingwer geben. Honig ebenfalls zugeben und alles 40 Sekunden/Stufe 7 pürieren. Kokosraspeln ohne Fett in einer Pfanne leicht bräunen. Die Sauce über den kalten Pudding gießen und mit den Kokosflocken bestreuen.

Reis-Auflauf mit Birnen und Cranberries

250 g	Reis	50 g	Cranberries (getrocknet)
1000 g	Milch	10 g	Zitronensaft
20 g	Honig	½ TL	Zimt
1	Vanilleschote	3	Eier
350 g	Birnen	30 g	Speisestärke

1 Reis, Milch und Honig in den Mixtopf geben. Vanilleschote aufschneiden, das Mark herauskratzen und sowohl das Mark wie auch die Schote in den Mixtopf geben. Alles zusammen 30 Minuten/90° C/Stufe 1/Linkslauf erwärmen. Birnen schälen, entkernen und in Würfel schneiden. Birnenwürfel mit Cranberries, Zitronensaft und Zimt mischen und ziehen lassen bis der Reis soweit fertig ist.

2 Vanilleschote aus dem Reis entfernen. Überschüssige Flüssigkeit von den Birnen abgießen und zusammen mit den Eiern und der Speisestärke 30 Sekunden/Stufe 3/Linkslauf unter den Reis heben. Die Masse in eine Auflaufform geben und im vorgeheizten Backofen bei 200 °C/25 Minuten backen.

Süsse Apfel-Nudeln mit Walnüssen

80 g	Walnüsse
80 g	Zucker
½ TL	Zimt
400 g	Äpfel
600 g	Wasser
1 Pck.	frische Nudeln aus dem Kühlregal

1 Walnüsse in den Mixtopf geben und 7 Sekunden/Stufe 6 grob mahlen. Zucker und Zimt zufügen und 10 Sekunden/Stufe 2 mischen. Mischung umfüllen und zur Seite stellen. Äpfel schälen, Kerngehäuse entkernen, in Stücke schneiden und in den Varoma legen.

2 Die Nudeln auf den Einlegeboden des Varoma geben. Wasser in den Mixtopf füllen, den Varoma samt Einlegeboden aufsetzen und alles 25 Minuten/Varoma/Stufe 1 garen. Die Nudeln mit den Apfelstücken mischen und mit der Walnuss-Zucker-Mischung bestreut servieren.

Indischer Griess

350 g	Möhren	1 Prise	Muskat
30 g	Ghee	50 g	Zucker
300 g	Milch	25 g	Grieß
2	Kardamomkapseln	40 g	Rosinen
3 Fäden	Safran	50 g	gehackte Mandeln

1 Möhren schälen, in Grobe Stücke schneiden und 5 Sekunden/Stufe 5 hacken. Das Ghee dazugeben und alles 5 Minuten/Varoma/Stufe 1 andünsten.

2 Milch, Gewürze und Zucker zugeben und 4 Minuten/100° C/Stufe 2 erhitzen. Die übrigen Zutaten dazu geben und alles 3 Minuten/90° C/Stufe 3 erwärmen. Die Kardamomkapseln entfernen und alles kurz quellen lassen.

Grießschmarrrn mit Pflaumen

4	Eier	etwas	Butterschmalz
60 g	Zucker	1 Glas	Pflaumen
200 g	Milch	½ TL	Zimt
90 g	Grieß	20 g	Speisestärke
50 g	Mehl		
50 g	Rosinen		

1 Eier trennen. Schmetterling einsetzen und das Eiklar 2 Minuten/Stufe 4 zu Schnee aufschlagen. Das Eischnee umfüllen und zur Seite stellen. Eigelb und Zucker in den Mixtopf geben und 30 Sekunden/Stufe 4 aufschlagen. Milch, Grieß, Mehl und Rosinen zugeben und 40 Sekunden/Stufe 2/Linkslauf mischen. Den Teig umfüllen und 15 Minuten quellen lassen. Mixtopf säubern.

2 Pflaumen abgießen und dabei den Sud auffangen. Sud, Zimt und Speisestärke in den Mixtopf geben und10 Sekunden/Stufe 5 mischen. Die Pflaumen zugeben und alles 7 Minuten/100° C/Stufe 2/Linkslauf aufkochen. Butterschmalz in einer Pfanne erhitzen. Den Teig in zwei Portionen von beiden Seiten braten. Wenn der Schmarrn durch ist mit Pfannenwendern etwas zerrupfen und mit den Pflaumen servieren.

Haselnussmilchreis

50 g	Haselnüsse
1000 g	Milch
200 g	Milchreis
10 g	Zimt
100 g	Rohrzucker
50 g	Haselnusskrokant

1 Nüsse in den Mixtopf geben und 10 Sekunden/Stufe 7 hacken. Milch, Milchreis, Zimt und Rohrzucker zugeben.

2 Alles 40 Minuten/90° C/Stufe 2/ Linkslauf aufkochen. Den Milchreis mit Krokant bestreuen und servieren.

Mohnschupfnudeln mit Vanillesauce

800 g	gekochte Kartoffeln vom Vortag
40 g	Mohn
200 g	Mehl
130 g	Zucker
1	Ei
600 g	Wasser
500 g	Milch
2	Eier
10 g	Speisestärke
1	Vanilleschote

1 Kartoffel im Mixtopf 40 Sekunden/Stufe 4 zerkleinern. Mohn, Mehl, 30 g Zucker und Ei zugeben und alles 30 Sekunden/Stufe 4 mit Hilfe des Spatels zu einem glatten Teig verarbeiten. Aus dem Teig Schupfnudeln formen und diese in den leicht geölten Varoma legen. Wasser in den Mixtopf geben und die Schupfnudeln 25 Minuten/Varoma/Stufe 1 garen.

2 Die Schupfnudeln warm stellen und den Mixtopf leeren. Milch, Eier, den restlichen Zucker und die Speisestärke im Mixtopf 10 Sekunden/Stufe 4 mixen. Die Vanilleschote auskratzen. Mark und Schote mit in den Mixtopf geben und die Sauce 7 Minuten/100° C/Stufe 2 aufkochen. Schupfnudeln mit der warmen Sauce servieren.

Nudeln mit süssem Pesto

50 g	Pistazien
50 g	Zitronenmelisse
30 g	Honig
20 g	Sonnenblumenöl
1 Pck.	frische Nudeln aus dem Kühlregal
600 g	Wasser

1 Pistazien im Mixtopf 20 Sekunden/Stufe 10 mahlen. Melisse zugeben und 8 Sekunden/Stufe 9 fein hacken. Honig und Sonnenblumenöl dazugeben und 2 Minuten/37° C/Stufe 2 verrühren.

2 Pesto umfüllen. Die Nudeln in den Varoma geben. Wasser in den Mixtopf füllen. Varoma aufsetzen und die Nudeln 15 Minuten/Varoma/Stufe 1 garen. Nudeln mit dem Pesto mischen und servieren.

Rezepthefte mit ca.54 Rezepten die im Kochstudio Engel bereits erschienen sind:

Mittagsmenü:

Aufstriche und Saucen (978-3-945436-38-7)
Bella Italia (978-3-945436-37-0)
Grillgenuss (978-3-945436-36-3)
Kindergerichte (978-3-945436-35-6)
Mittagsgerichte (978-3-945436-33-2)
Salatideen (978-3-945436-27-1)
Suppenvielfalt (978-3-945436-28-8)
Vegane Küche (978-3-945436-64-6)
Vegetarische Gerichte (978-3-945436-29-5)
Suppen & Eintöpfe (978-3-945436-67-7)
Risotto (978-3-945436-87-5)
Pasta (978-3-945436-94-3)
Lunch im Glas (978-3-945436-91-2)
All in one Geflügel (978-3-945436-90-5)
All in one Fisch und Meeresfrüchte (978-3-945436-88-2)

Spezialitäten des Landes:

Amerikanische Küche (978-3-945436-42-4)
Arabische Küche (978-3-945436-62-2)
Französische Küche (978-3-945436-52-3)
Griechische Küche (978-3-945436-54-7)
Indische Küche (978-3-945436-46-2)
Italienische Küche (978-3-945436-57-8)
Österreich (978-3-945436-56-1)
Spanische Küche (978-3-945436-43-1)
Türkische Küche (978-3-945436-53-0)
Vietnam (978-3-945436-58-5)
Mezze (978-3-945436-83-7)
Bayerische Küche (978-3-945436-84-4)

Lieblingsrezepte:

Lieblingsrezepte Band I (978-3-945436-48-6)
Lieblingsrezepte Band II (978-3-945436-49-3)
Lieblingsrezepte Band III (978-3-945436-50-9)
Lieblingsrezepte Band IV (978-3-945436-51-6)
Männerkochbuch (978-3-945436-86-8)
Das schmeckt Kindern (978-3-945436-92-9)